食べた人全員に
「作り方教えて！」と聞かれる
とっておきrecipe

misa

KADOKAWA

prologue

はじめまして。
misaと申します。
長野で気ままに料理を作って
暮らしています。

私は、自然あふれる町で生まれ、
料理上手な母の手料理を食べて育ちました。
野菜を一緒に育てたり、
行事食や郷土食を食べさせてくれたりと
母が食育に熱心だったため、
食への関心は高い子どもでした。

同じ食材でも調理方法が変われば
味や食感が変わること。
型抜きをして見た目を可愛くしたり
お気に入りの器に盛り付けたりすれば、
苦手な食べ物も好きになれること。
料理の面白さや奥深さを知ったのは、
母の影響がとても大きかったと思います。

そんな母の元を離れ、のちに夫となる
彼と一緒に住み始めてから本格的にキッチンに立つように。
彼に喜んでほしくて、そして、
「おいしい」の一言が聞きたくて。
それだけの理由でキッチンに立ち続けていました。

でも、共働きだから、手の込んだ料理を
毎日作るのは難しい。

そんな現実がある一方、「食卓に並んだ料理を見て癒されてほしい」
という気持ちは手放せない。
どうしたら時間や手間をかけずに〝おいしそう〟な料理を作ることができるのか
ということを追求した結果、簡単で見た目にもこだわった
メニューを考えるようになりました。

『どうやったら〝おいしそう〟に見えるかな』

それからは、料理本を見たり、
いろいろなお店や海外で食べ歩きをしたりと研究の日々。
そんななか、おいしそうな料理って、
食材の色や形が生かされていたり、
きれいに盛り付けられた
一皿だったりすることに気がつきました。

見た目から受ける刺激は大きい。
料理は味だけではなく
見た目も楽しんでほしい。

そんなことを考えながら作った料理をインスタに載せてみたら
予想以上に「レシピを教えて」という声をたくさんいただきました。
友人に振る舞うと、「これどうやって作るの？」と聞かれることもしょっちゅう。
ただ、同時に「工程が多いと大変」、「おいしそうに見せられない」という
悩みもたくさん聞きました。
料理初心者さんでも少しの工夫で料理上手に見えて、
誰かに振る舞いたくなるような
おもてなしレシピをみんなに届けたい。

それが、料理家ｍｉｓａの原点です。

私のレシピは、料理やお菓子作りに
苦手意識がある方にも気軽に作っていただけるように、
可能な限り工程を省いています。

最小限の調理工程で
最大限のおいしさを出す！

それが、このレシピ本の真髄です。

レシピの中で「え？ これだけでいいの？」
「これもやらなくていいの？」と感じることがあると思います。
でも大丈夫。極限まで工程を減らしても
おいしく仕上がるレシピを考えています。
一度作れば、きっと誰かに教えたくなるはず。

さあ、「楽しくておいしい」を
味わってみてください。

Contents

chapter 2

ラクに作れるのに胸を張って出せるメイン料理

Contents

chapter 3

ササッと出せるのにおいしいサブメニュー

Contents

Staff

装丁・本文デザイン
松浦周作（mashroom design）

撮影
市瀬真以

スタイリング
木村柚加利

撮影アシスタント・英文
Akane

校正
麦秋アートセンター

DTP
浦谷康晴

編集協力
川村彩佳

編集
竹内詩織（KADOKAWA）

協力
UTSUWA

この本の使い方

- 大さじ1＝15mℓ、小さじ1＝5mℓです。
- 塩コショウは塩とコショウがブレンドされたものを使用しています。
- しょうゆは濃口しょうゆ、酒は日本酒、鶏がらスープの素と和風だしの素は市販の顆粒タイプ、米は無洗米、ヨーグルトは無糖を使用しています。
- 油は特に記載がない場合はサラダ油を使用しています。
- 火加減は特に記載がない場合は中火です。
- オーブンはスチームオーブンレンジ ビストロ NE-UBS10Aを使用しています。温度や焼き時間は目安になりますので、お手持ちのオーブンで調節してみてください。

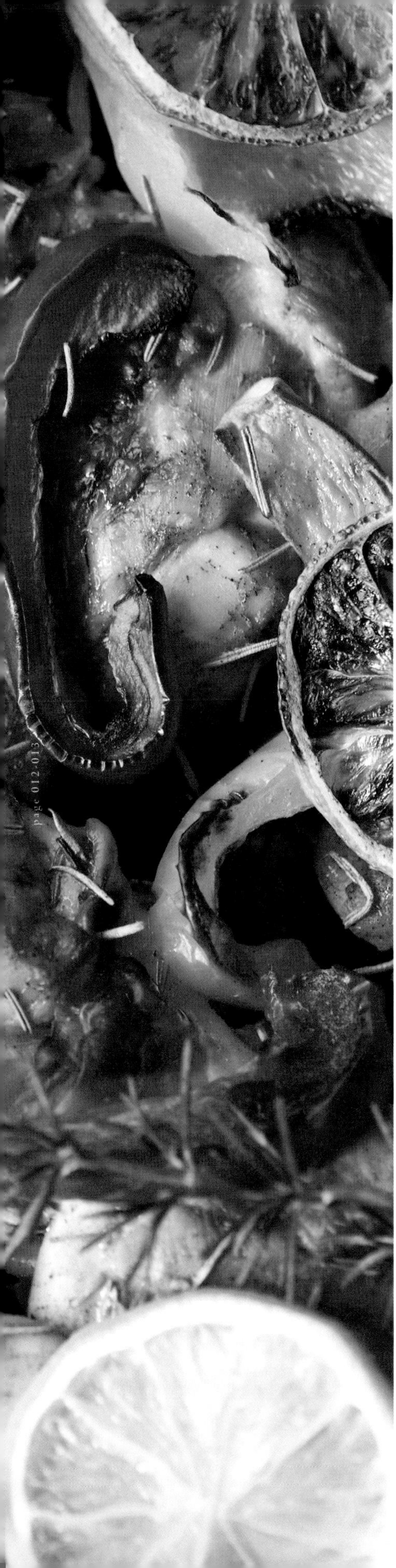

page 012-013

chapter 1

ほめられレシピ ベスト5

今までインスタで公開してきたレシピのなかで、
特に好評だったベスト5をご紹介します。
どれも簡単に作れておいしく、見栄えのするものばかり。
料理初心者さんや料理に苦手意識がある人でも、
「料理上手だね」とほめてもらえるはずです。

ほめられレシピ
BEST 1

爽やかな風味とコクがたまらない

アールグレイクリーム

えっベスト1がクリーム？って思った方。

日頃から、あまりがちなサワークリームをどう使い切ろうか迷っていました。ちょうどそのとき、SNSで桃のアールグレイマリネが流行っていたこともあり、「岡山の友人からたくさん送ってもらった桃につけるためのおいしいクリームを作ろう！」と考案。

　レシピを公開すると、フォロワーさんから好評だったのはもちろん、かき氷屋さんやフルーツサンド屋さん、ケーキ屋さんなどから「使ってもいいですか？」とたくさんお声がけいただきました。私のレシピの中でも大ヒットの一品です。

　P101のいちごタルトにのせてもいいですし、桃はもちろん、ぶどうやキウイとの相性もいいですよ。

安心してください。
食べた人全員に「作り方教えて!」って
言われます。

This Earl Grey cream is not only for Japanese people but for everyone.
You will be addicted to it.

材料・4人分

サワークリーム	80 g
生クリーム	200mℓ
グラニュー糖	25g
アールグレイ茶葉	2～3 g

作り方

1）

ボウルにサワークリームを入れてスプーンなどで練る。分離の原因になるので、サワークリームは常温に戻さないこと。

2）

1）に生クリーム、グラニュー糖、茶葉を加える。

3）

ハンドミキサーで泡立てる。

アールグレイクリームを使ったアレンジレシピ

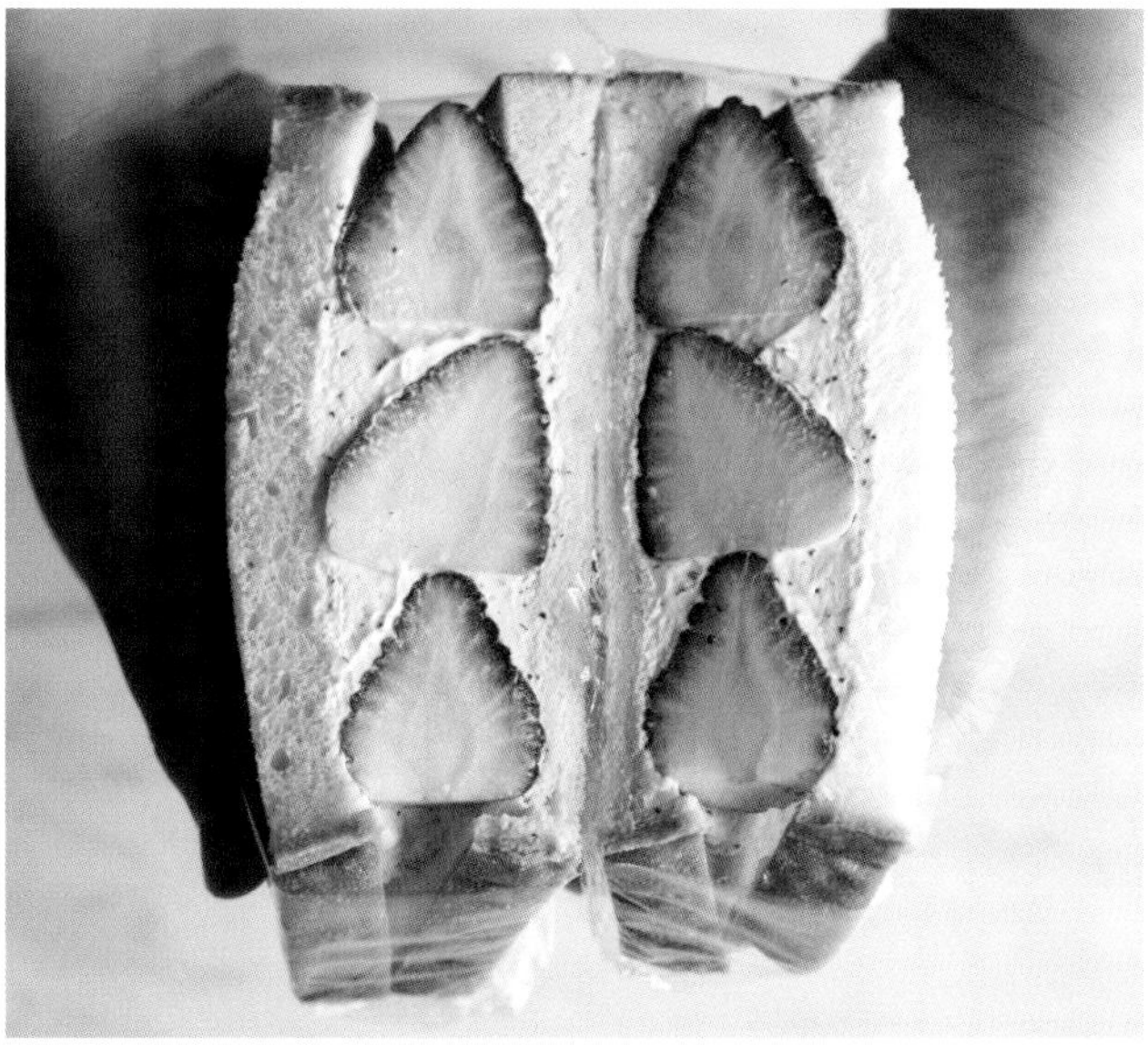

フルーツサンド

作り方

1）アールグレイクリームを八分立てに泡立てる。
2）2枚の食パンにクリームを塗る。クリームがはみ出さないよう、なるべく真ん中に。
3）フルーツの一番厚みのある部分が断面にくるようにフルーツを並べる。
4）サンドして上から軽く手でおさえる。ラップでしっかり巻き、冷蔵庫で15分休ませる。
5）ラップに包んだままパン切り包丁でカットする。

材料・2人分

食パン……4枚
アールグレイクリームの材料……半量
お好きなフルーツ……適量

かき氷

材料・2人分

アールグレイクリームの材料……半量
お好きなフルーツソースまたはジャム……適量
氷……2人分

作り方

1）アールグレイクリームを七分立てに泡立てる。
2）かき氷機で氷を削る。
3）削った氷の上にアールグレイクリーム、お好きなフルーツソース、またはジャムを盛り付ける。

POINT

茶葉は細かくすりつぶして使用してください。ティーバックの茶葉であれば細かくする必要はありません。

POINT

フルーツに添える場合は、しっかりとツノが立つ九分立てを推奨しています。

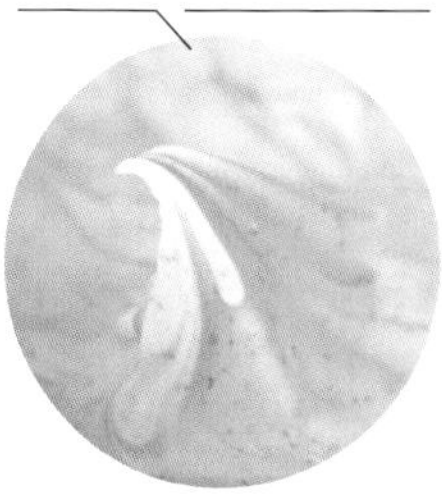

ほめられレシピ

BEST 2

切って焼いただけ？

ササッとおしゃれにおいしく オーブン焼き4選

オーブン焼きは、材料を並べてオーブンで焼くだけととても簡単なのに、ボリューミーで見た目も華やか。おもてなしにぴったりなんです。

「鶏肉のオーブン焼き」は、清々しい香りとほろ苦さがあるタイムを入れることでリッチな味わいに。「夏野菜のティアン風」はいただきものの野菜をたっぷり使って。友人の子どもたちが来るときは、「バジルソースのオーブン焼き」が定番。市販のバジルソースをかけてチーズをのせると、普段はあまり食べないという野菜も喜んで食べてくれます。

ちょっと背伸びしたいときは、アンチョビのしょっぱさと無花果の組み合わせが絶妙な「無花果とマッシュルームのオーブン焼き」を。アボカドを加えることでクリーミーになります。

いいんです。それだけなのに、
完璧だから。

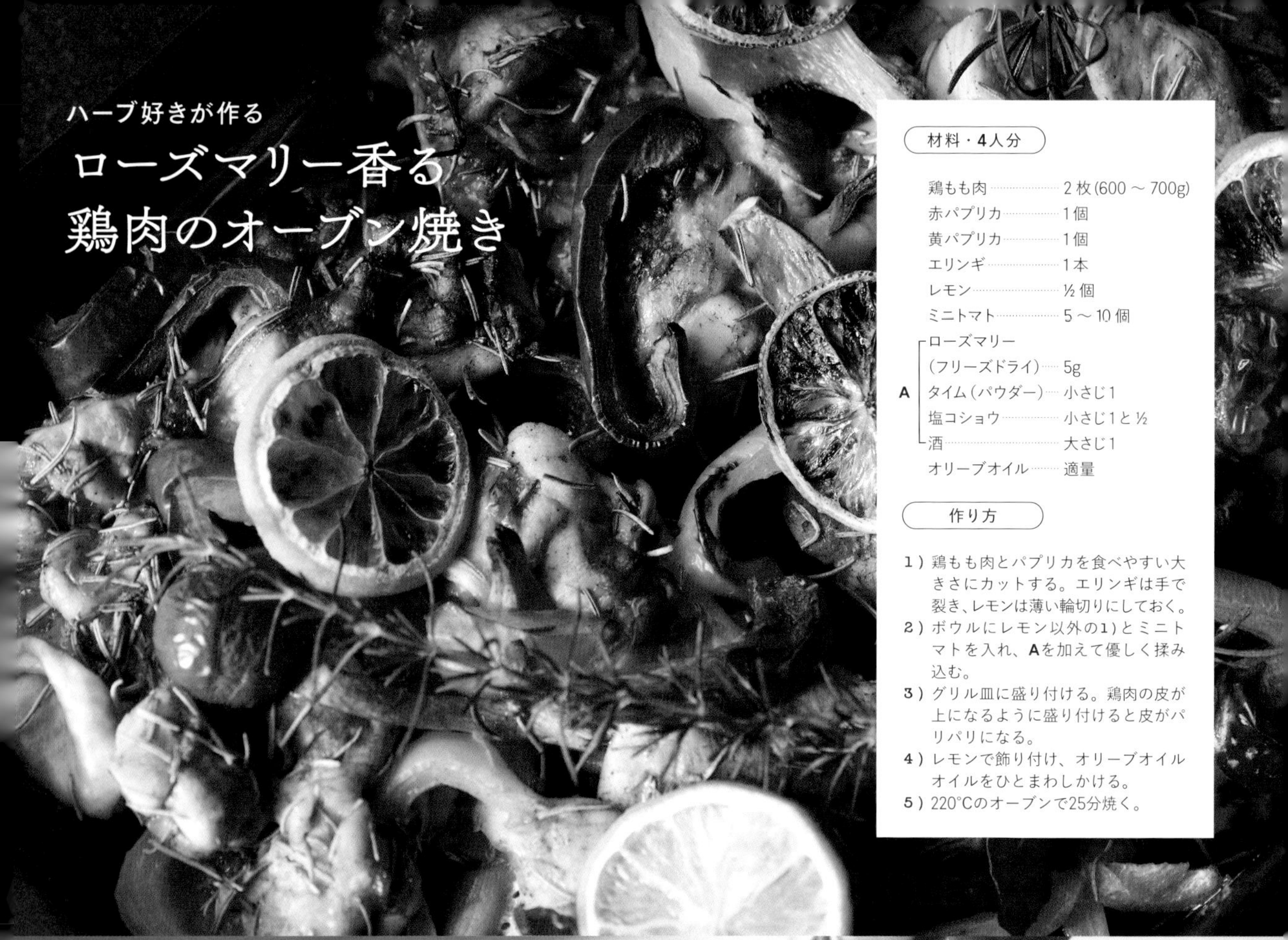

ハーブ好きが作る

ローズマリー香る鶏肉のオーブン焼き

材料・4人分

	鶏もも肉	2枚(600～700g)
	赤パプリカ	1個
	黄パプリカ	1個
	エリンギ	1本
	レモン	½個
	ミニトマト	5～10個
A	ローズマリー(フリーズドライ)	5g
A	タイム(パウダー)	小さじ1
A	塩コショウ	小さじ1と½
A	酒	大さじ1
	オリーブオイル	適量

作り方

1) 鶏もも肉とパプリカを食べやすい大きさにカットする。エリンギは手で裂き、レモンは薄い輪切りにしておく。
2) ボウルにレモン以外の1)とミニトマトを入れ、Aを加えて優しく揉み込む。
3) グリル皿に盛り付ける。鶏肉の皮が上になるように盛り付けると皮がパリパリになる。
4) レモンで飾り付け、オリーブオイルオイルをひとまわしかける。
5) 220°Cのオーブンで25分焼く。

夏野菜大量消費レシピ

食卓を彩る夏野菜のティアン風

材料・4人分

	緑ズッキーニ	1本
	黄ズッキーニ	1本
	ナス	2本
	トマト	4個(小ぶり)
A	ローズマリー(フリーズドライ)	4g
A	タイム	小さじ½
A	塩コショウ	小さじ1と½
A	酒	大さじ1
	オリーブオイル	適量
	生ハム	お好みで

作り方

1) 全ての野菜を5～8㎜の輪切りにする。
2) 1)をボウルに入れ、Aで味付けする。
3) スキレットに彩りよく並べていく。お好みで生ハムもはさんで。
4) オリーブオイルをひとまわしかけ、180°Cのオーブンで20～30分焼く。

市販活用でささっとおもてなし

バジルソースのオーブン焼き

材料・4人分

- A
  - ズッキーニ（中）……1本
  - 赤パプリカ……1個
  - 黄パプリカ……1個
  - しいたけ……4個
- えび……5～10尾
- ミニトマト……5個
- 芽キャベツ……5～10個
- スナップえんどう……3個
- 豚バラ薄切り肉……5枚
- 塩コショウ……小さじ1
- キユーピーのバジルソース（P058で使用）……適量
- ミックスチーズ……お好みで

作り方

1）Aを食べやすい大きさにカットする。えびは殻をむき下処理を済ませておく。
2）ボウルに1）、ミニトマト、芽キャベツを入れて塩コショウで下味をつけたらグリル皿に盛り付ける。
3）スナップえんどうの筋をとって開き、2）に盛り付ける。
4）塩コショウ（分量外）下味をつけた豚バラ肉をくるくる巻いてバラの形にし、3）に盛り付ける。
5）バジルソースを4）にひとまわしかけ、お好みでミックスチーズをのせる。
6）220℃のオーブンで25分焼く。

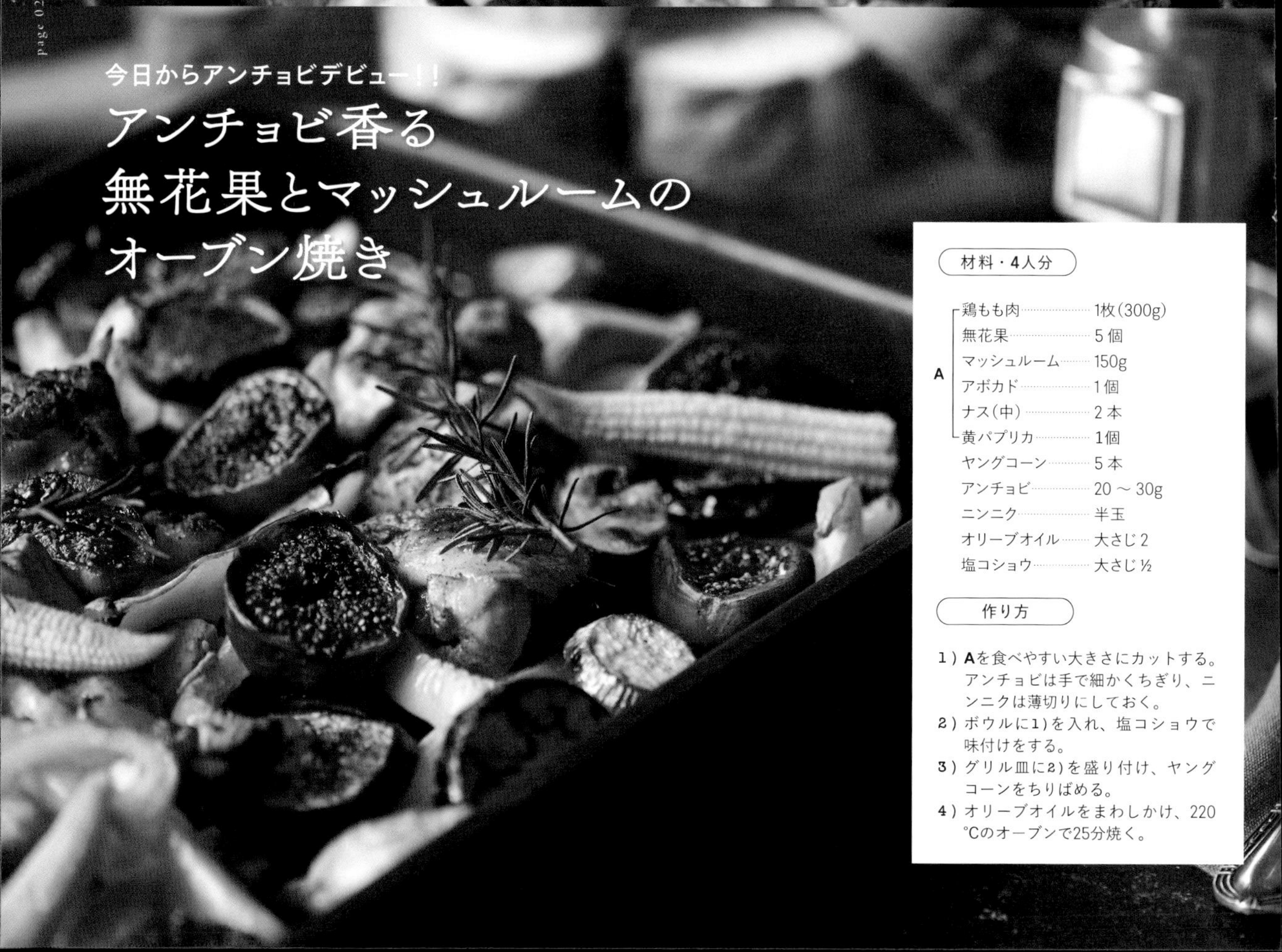

今日からアンチョビデビュー！！

アンチョビ香る無花果とマッシュルームのオーブン焼き

材料・4人分

- A
  - 鶏もも肉……1枚（300g）
  - 無花果……5個
  - マッシュルーム……150g
  - アボカド……1個
  - ナス（中）……2本
  - 黄パプリカ……1個
- ヤングコーン……5本
- アンチョビ……20～30g
- ニンニク……半玉
- オリーブオイル……大さじ2
- 塩コショウ……大さじ½

作り方

1）Aを食べやすい大きさにカットする。アンチョビは手で細かくちぎり、ニンニクは薄切りにしておく。
2）ボウルに1）を入れ、塩コショウで味付けをする。
3）グリル皿に2）を盛り付け、ヤングコーンをちりばめる。
4）オリーブオイルをまわしかけ、220℃のオーブンで25分焼く。

ほめられレシピ
BEST 3

失敗知らずのバズりクッキー

手作り感よりお店感！

極限まで工程を減らしました。

材料

- A
  - 薄力粉……240g
  - 食塩不使用バター……150g
  - グラニュー糖……70 ～ 80g
  - 卵黄……1個分
  - バニラオイル……3滴
- ココアパウダー……10g
- 抹茶パウダー……10g

作り方

1）
食塩不使用バターを500Wの電子レンジで1分加熱して完全に溶かす。ボウルに**A**を入れる。

2）
手で素早く混ぜ合わせる。生地がまとまってきたら3等分にし、1つにココアパウダー、もう1つに抹茶パウダーを混ぜ込む。

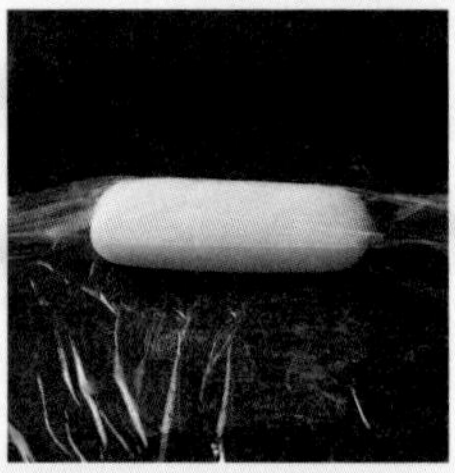

3）
2）を円柱状に整えラップで包み、冷蔵庫で30分冷やす。

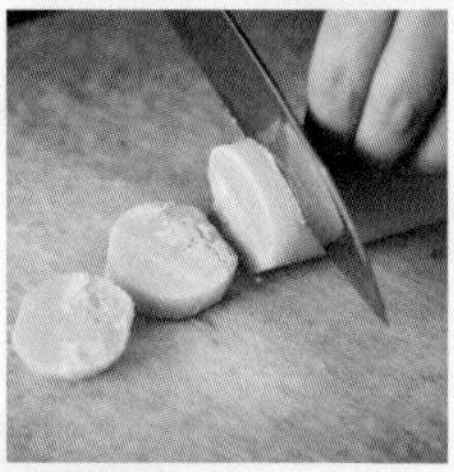

4）
5㎜～1㎝幅にカットし、予熱なしの180°Cのオーブンで10～15分焼く。

POINT

- 薄力粉をあらかじめふるっておく必要はありません。
- 型抜きする場合、生地を冷蔵庫で冷やす必要はありません。
- 焼き上がったら粗熱がとれてから食べてください。オススメは2日目です。

母に教わったレシピを、もっと食べやすく、自分好みにアレンジ。このレシピの決め手は、バターをレンチンして溶かすこと。クッキー作りといえば、バターを常温に戻してクリーム状になるまで練るのが一般的です。クッキーらしいサクサクとした食感にするには、この「練る」工程が大事で、バターを溶かしてはいけないとされています。

そんなバターを溶かすという禁じ手を使ってでも、工程を極限まで減らして簡単に作れるようにしたいと考案したのがこのバズリクッキー。常温で食べると「うん、おいしいね」。冷蔵庫で冷やして食べると「何これ！おいしすぎる!!」に変わります。

それでも、お店レベルの味なんです。

ほめられレシピ

BEST 4

ねぎそうめん

夏の新定番!! ラーメン感覚で食べられる

そうめんが
おもてなし料理に。

絶対に喜ばれる
極上の一杯です。

おもてなしとして出すには物足りないと思っていたそうめんですが、このレシピをインスタに投稿すると、友人から食べてみたい！との声が。お昼ご飯として振る舞うと、「ラーメンみたいでおいしい！」と好評で今ではおもてなしメニューの定番になりました。

シンプルでアレンジもしやすいので、飽きずに食べられるのもいいところ。おすすめはトマトとツナで、夏の暑い日はレモンでさっぱり食べるのもいいですね。私は辛いものが好きなので、豆板醤を入れてピリ辛にすることもあります。材料を全て混ぜてそうめんにかける。たったそれだけなのに、極上の一杯に。騙されたと思って一度作ってみてください。

ねぎそうめんのアレンジレシピ

材料・2人分

	茹でたそうめん	2束
	長ねぎ	20cm
A	水	200mℓ
A	にんにくチューブ	2～3cm
A	鶏がらスープの素	小さじ3
A	ごま油	大さじ½
A	白ごまor炒りごま	小さじ1

作り方

1）

長ねぎをみじん切りにする。

2）

1）とAを全て混ぜ合わせ、水気をサッと切ったそうめんにかける。

お好みでごま油を足して

ツナトマト ver.

作り方

1）トマトを食べやすい大きさに切り、大葉は千切りにする。

2）トマトをボウルに入れ、Aを加える。スプーンでトマトを潰すように混ぜ合わせる。

3）ねぎそうめんに2）と大葉を盛り付ける。

材料・2人分

	ねぎそうめん	2人分
	トマト（大）	1個
	大葉	5枚
A	ツナ缶	1缶
A	鶏がらスープの素	小さじ1

レモン ver.

作り方

レモンの輪切りをねぎそうめんにのせる。

材料・2人分

ねぎそうめん	2人分
レモンの輪切り	6枚

ほめられレシピ

BEST 5

クロアチア人と結婚した姉仕込みのレシピ。

旅した気分を味わえます。

姉がクロアチアの方と結婚したのをきっかけに、私もクロアチアを訪れることに。15日ほど滞在していろいろなご飯を食べましたが、日本に帰ってから「あの味を再現したい！」と思ったのはケバブ屋さんで食べたケバブでした。

片手で食べられるのでホームパーティーやピクニックにぴったりですし、可愛いペーパーで巻いて並べて出せば見栄えもします。

今回のレシピでは豚こまを使っていますが、ラム肉でもおいしく作れるのでお好みで。わが家ではミックスチーズを入れるのが定番です。あまったお肉はケバブ丼にしてもおいしいですよ。

家庭で作れる現地の味

クロアチア風ケバブ

材料・4人分

【ケバブ】

A	豚こま切れ肉	700g
A	プレーンヨーグルト	200g
A	パプリカパウダー	大さじ1
A	チリパウダー	大さじ1
A	クミンパウダー	大さじ1
A	オレガノパウダー（みじん切りでも可）	大さじ1
A	にんにくチューブ	大さじ1
A	しょうゆ	大さじ1
A	塩コショウ	大さじ½と少々
A	オリーブオイル	大さじ2

【ソース】

B	プレーンヨーグルト	200g
B	マヨネーズ	大さじ3
B	しょうゆ	大さじ1
B	クミンパウダー	大さじ1
B	チリパウダー	大さじ1

【その他】

レタス	½玉
ミックスチーズ	適量
トルティーヤの生地	5枚入り×3

作り方

1）
Bの調味料を全て混ぜ合わせてソースを作る。レタスを粗めに切っておく。

2）
大きめのボウルにAを全て入れ、手で揉み込む。

3）
フライパンにオリーブオイル大さじ1（分量外）をひき、2)を炒める。

4）
フライパンでトルティーヤの生地を中火で片面20〜30秒ずつ温める。

5）
ペーパーやアルミホイルに4)をのせ、ミックスチーズ、レタス、肉、ソースの順に盛り付けていく。

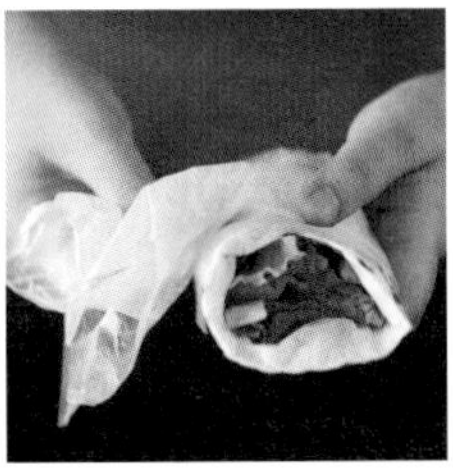

6）
ペーパーやアルミホイルで包む。

Column 1

凝った盛り付けをしなくても素敵な一皿に

料理をワンランク上に魅せる器

器も料理をおいしく見せる要素の一つ。
シンプルな料理でも、素敵な器に盛れば手の込んだ料理に見えます。
わが家で大活躍しているお気に入りの器をご紹介します。

P017で使ってます

FAVORITE DISH /1

静かで存在感のあるリム付きプレート

スープやパスタ、サラダ、スイーツなど、どんな料理も引き立ててくれる一枚。作家さんの温もりが感じられ、使い込むほど増えていく趣のある"シミ"さえも愛おしくなります。繊細で美しいのはもちろん、ポテッとしたフォルムで愛嬌もあり、特にお気に入りの一枚です。

吉田次朗さん／スープボウル

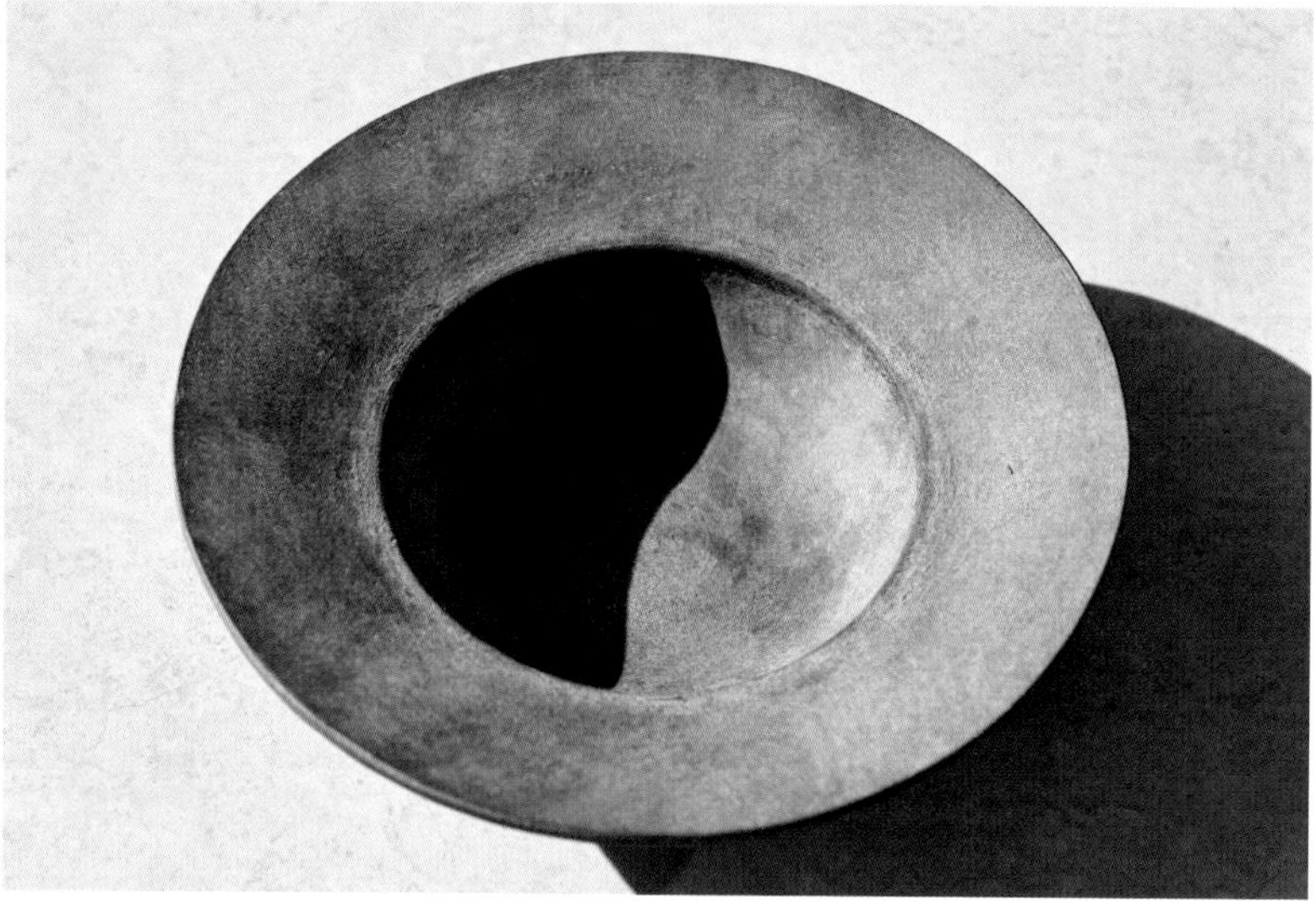

P104で使ってます

FAVORITE DISH /2

蓮の花をモチーフにした華やかなプレート

フレンチやスイーツとの相性がよく、わが家ではパウンド型で作ったメニューを盛り付けることが多いです。深さがあるので汁気のあるものでも安心。臼杵焼（うすきやき）のコンセプトは「器は料理の額縁」。その言葉通り、美しい輪郭の中で食材が輝き、食卓が一気に華やかになります。

臼杵焼のオーバルプレート

FAVORITE DISH / 3

ヒビが入ったような
ザラッとした質感が特徴

P050で使ってます

表面のヒビのような模様は、梅花皮（かいらぎ）という伝統的な技法によるもの。このリムプレートのお気に入りポイントは、とにかく使いやすいこと。和洋中、どんな料理でも雰囲気よく盛り付けられます。シンプルなのに存在感があって、いつでも料理に寄り添ってくれます。

MISHIM POTTERY CREATION/ fractal series
rim plate M［hibi］

FAVORITE DISH / 4

お蕎麦屋さんのような
そば盛セット

長野在住ということもあり、お蕎麦を食べることが多いわが家。すす竹そば盛器は、お蕎麦をそのまま盛っても水気が漏れず、見た目も上品。薬味を手付薬味入れに盛ると雰囲気が出ます。簡単なざる蕎麦が、立派なおもてなし料理に見えるところがお気に入り。

大宮竹材工芸／すす竹そば盛器

FAVORITE DISH / 5

料理が高見えする
お手頃グラス

P060で使ってます

カクテルグラスは、カクテルサラダの盛り付けに使用。ワイングラスはスイーツや野菜スティックなど、さまざまな料理の盛り付けに使えるので形の違うものを集めています。グラス自体は全てお手頃価格なのに、レストランのようにおしゃれで高級感のある一皿になるのでおすすめです。

左）アデリアカクテルグラス
右 - 左）RONA ／モンツァ 5oz フルート
右 - 右）レーマン／エノマスト ワイングラス

Food is universal and there are no boundaries to it.

page 030-031

chapter 2

ラクに作れるのに 胸を張って出せるメイン料理

私が作るメイン料理は、
誰に出しても絶対に喜んでもらえるものばかり。
でも、特別難しい工程はなく、とても簡単。
一発で味が決まる市販のドレッシングやお惣菜も使います。
一度振る舞えば、「また食べたい！」と言われること
間違いなしのひと皿をご紹介します。

食卓を彩る一軍メインディッシュ

難しい工程も特別な材料もいらないのに、お店で食べるような奥行きのある味に。
華やかなひと皿で食卓を彩ってください。

味噌と生クリームが決め手!!

惚れさせハンバーグ

夫も友人たちも大好きなハンバーグは、レシピ公開と同時にたくさんの「神レシピ！」の声をいただきました。隠し味に味噌と生クリームを忍ばせています。

材料・大5～6個分

【ソース】

玉ねぎ	1個
お好きなきのこ	100g
水	400mℓ
ビーノシチューのルー（固形）	84g

【ハンバーグ】

	玉ねぎ（みじん切り）	1個分
	有塩バター	10g
A	牛豚合いびき肉	400g
A	全卵	1個
A	パン粉	1カップ（30～40g）
A	味噌	大さじ1
A	マヨネーズ	大さじ1
A	生クリーム	50mℓ
A	ナツメグ	2g
A	塩コショウ	少々

POINT

ハンバーグを焼いて脂があまり出てこなければ、バターを5～10g足してみてください。

作り方

1）中火で熱したフライパンに有塩バターを入れ、玉ねぎが透き通るまで炒める。

2）ボウルに粗熱がとれた1）とAを全て入れ、ムラがなくなるまでよく練る。

5）しっかり焼き色がついたら裏返して蓋をし、最弱火で20～30分焼く。一度取り出す。

6）ハンバーグを焼いたフライパンに千切りにした玉ねぎときのこを入れ、中火で炒める。

POINT

ハンバーグが焼き上がったあとのフライパンは旨味がたっぷり。そのままソースを作ります。

3） 2）を5～6等分にし、両手で投げ合って空気を抜いてから成形する。

4） フライパンに油大さじ1（分量外）をひき、中火で片面を焼く。

7） しんなりしてきたら水とビーフシチューのルーを入れる。

8） ルーが溶けきったらハンバーグを投入し、10分煮込む。

BBQやイベントに大活躍！

高見えスペアリブ

BBQやキャンプ、クリスマスパーティーなどいろいろな場面で活躍するスペアリブ。味付けして焼くだけなのに、手が込んだ料理に見えるんです。

材料・2〜3人分

スペアリブ	400g
ローズマリー（フリーズドライ）	3g
塩コショウ	小さじ½
オリーブオイル	大さじ1
酒	大さじ1
タイム（パウダー）	お好みで

作り方

1）

全ての材料をファスナー付き保存袋に入れて味がなじむようしっかり揉み込む。

2）

フライパンに入れ、中火で片面を焼く。オーブンの場合は200°Cで30分焼く。

3）

焼き色がついたらひっくり返し、蓋をして弱火で10〜15分焼く。

サクッとしっとり、新食感

マグロのレアカツ

レアに仕上げるには、マグロを直前に冷蔵庫から出すことが重要。「特別感があって食卓が華やかになった！」と喜ばれたレシピです。

材料・2人分

マグロ（刺身用）	1さく（200g）
塩コショウ	少々
小麦粉	適量
溶き卵	1個分
パン粉	適量
揚げ油	適量
わさびじょうゆ または塩	適量

作り方

1）
冷蔵庫から取り出したばかりのマグロに塩コショウで下味をつける。

2）
1）に小麦粉、溶き卵、パン粉の順につける。

3）
180℃の揚げ油で片面30秒、裏返して30秒揚げる。揚げ油は3～4㎝たっぷりと。

4）
食べやすい大きさにカットする。わさびじょうゆか塩で召し上がれ。

POINT
一つのバットをアルミホイルで仕切って小麦粉とパン粉を入れると、バットを二つ使わなくてすみ洗い物が減ります。

野菜やお肉にかけるだけの酸味を抑えた
絶品バルサミコ風ソース

バルサミコ酢とオイスターソースは、実は相性抜群。酸味が穏やかになり、焼いたお肉やグリル野菜にかけるだけで味が決まります。

作り方

1）
フライパンに材料を全て入れ、中火で煮詰める。

2）
軽くとろみがついたら完成。お好きな野菜や肉にかける。

材料・2人分

バルサミコ酢	大さじ½
オイスターソース	大さじ3
しょうゆ	大さじ1
グラニュー糖	小さじ1
にんにくチューブ	小さじ½

ホルモン好きの私が好みの味を追求した

中華ベースの特製もつ鍋

本場博多のもつ鍋はちょっと甘め。自分好みの中華ベースのもつ鍋が食べたいと思い、味覇を入れたレシピにしました。

材料

	生モツ（牛シマチョウ）	400～500g
	絹豆腐	1丁
	にんにく	½玉～1玉
	もやし	1袋
	キャベツ	½玉
	ニラ	1袋
	鷹の爪の輪切り	適量
A	味覇	40g
A	しょうゆ	大さじ1
A	和風だしの素	大さじ1
	お湯	1000mℓ

作り方

1）
キャベツとニラはざく切り、にんにくは薄切り、絹豆腐は食べやすい大きさに切る。

2）
鍋にお湯と**A**を入れ、調味料を溶かす。

3）
2）に全ての具材を加え、火が通るまで煮る。

みんなが好きな揚げ物を攻略しよう

実は一番簡単な揚げ物、

それは春巻き

面倒だけど、家族からのリクエストが多い揚げ物。
そんなときこそ春巻きの出番です。火の通りを気にしなくていいですし、
ミックス野菜やツナ缶を使えば誰でも簡単に作れますよ。

包丁を使わない春巻き

揚げ物は手間がかかるイメージが強いですが、市販のミックス野菜を使えば包丁いらずで時短に。一緒に巻く大葉がアクセントです。

材料・10個分

	お好きなひき肉	200 ～ 250g
	ミックス野菜 (もやし・ニラ・にんじん)	460g
	春巻きの皮	10 枚
	大葉	10 枚
A	白だし	大さじ1
A	しょうゆ	大さじ1
A	酒	大さじ1
A	オイスターソース	大さじ1
A	鶏がらスープの素	大さじ½
A	塩コショウ	少々
A	ごま油	大さじ1
	水溶き片栗粉	適量
	揚げ油	適量

作り方

1)

フライパンに油(分量外)をひき、中火でひき肉を炒める。

2)

1)にミックス野菜を入れ、さらに炒める。野菜がしんなりとしてきたら**A**を入れる。

3)

水溶き片栗粉でとろみをつける。水溶き片栗粉は春巻きを閉じる用に少し残しておく。

4)

粗熱をとった3)と大葉を春巻きの皮で巻き、水溶き片栗粉で糊付けしてとめる。

5)

170°Cに熱した揚げ油できつね色になるまで揚げる。

焼きそば春巻き

材料・5個分

焼きそば麺	1玉（150g）
お好きな具材	適量
春巻きの皮	5枚
大葉	5枚
水溶き片栗粉	適量
揚げ油	適量

作り方

1）お好きな具材を入れて焼きそばを作る。
2）焼きそばを大葉と一緒に春巻きの皮で巻き、水溶き片栗粉で糊付けしてとめる。
3）170℃に熱した揚げ油できつね色になるまで揚げる。

ツナの春巻き

材料・5個分

ツナ缶	2缶
玉ねぎ	1個
春巻きの皮	5枚
マヨネーズ	大さじ2
塩コショウ	少々
水溶き片栗粉	適量
揚げ油	適量

作り方

1）玉ねぎを薄切りにしてツナ缶と合わせ、マヨネーズと塩コショウで味付けをする。
2）1）を春巻きの皮で巻き、水溶き片栗粉で糊付けしてとめる。
3）170℃に熱した揚げ油できつね色になるまで揚げる。

時間が経ってもサックサク！
噂の天ぷらの衣

材料は順番を気にせず混ぜて大丈夫。マヨネーズがいい仕事をしてくれて、お店で食べるようなサックサクの天ぷらが揚がります。

マヨネーズは
卵不使用でないものを
使用してください。

材料

小麦粉	50 ～ 60g
マヨネーズ	大さじ1と½
水	100mℓ

作り方

1）
ボウルに材料を全て入れ、よく混ぜる。

2）
えびやたけのこ、大葉などお好みの具材（分量外）に1)をつける。

3）
170°Cに熱した揚げ油（分量外）で揚げる。

シェフスパイスの
ピンク岩塩やろく助塩で
食べるのがおすすめです

少し背伸びしたいときに作る

ハーブ唐揚げ

鶏もも肉に調味料を揉み込むときに入れる
大さじ１の片栗粉がカリッと揚がるポイント。
ハーブの風味が利いたおしゃれな唐揚げです。

材料・2〜3人分

	鶏もも肉（大）	1枚（350 〜 400g）
A	ハーブソルト	大さじ1
A	酒	大さじ1
A	片栗粉	大さじ1
	片栗粉	適量
	揚げ油	適量

味がなじみやすい
クレイジーソルトが
おすすめ！

作り方

1）
鶏もも肉を食べやすい大きさに切る。

2）
ボウルに1）とAを入れ、よく揉み込む。

3）
2）に片栗粉をしっかりまぶし、180℃に熱した揚げ油で衣がカリッとするまで揚げる。

漬け込まなくても味、しっかり 旨辛豆板醤唐揚げ

調味液に漬け込む必要はありません。唐揚げのバリエーションを出したくて作ってみたら、「ピリ辛でやみつきになる！」とお気に入りに。

材料・2〜3人分

	鶏もも肉（大）	1枚（350g）
A	豆板醤	大さじ1〜2
A	酒	大さじ1
A	片栗粉	大さじ1
A	ごま油	大さじ½
A	味の素	少々
A	にんにくチューブ	大さじ½
	片栗粉	適量
	揚げ油	適量
	レモン	お好みで

作り方

1）食べやすい大きさに切った鶏もも肉と**A**をボウルに入れ、よく揉み込む。

2）1）に片栗粉をまぶし、180℃に熱した揚げ油できつね色になるまで揚げる。

材料・2〜3人分

	ブロッコリー	1株
A	しょうゆ	大さじ2
A	酒	大さじ2
A	にんにくチューブ	大さじ1
A	ごま油	大さじ½
A	片栗粉	大さじ1
	片栗粉	適量
	揚げ油	適量

作り方

1）ブロッコリーをよく洗いブロッコリーを小房に分け、茎は食べやすい大きさに切る。小房と茎の水気をキッチンタオルでよくふく。
2）ボウルに**1)**と**A**を入れ、よく混ぜ合わせる。
3）**2)**に片栗粉をしっかりめにまぶし、180°Cに熱した揚げ油でカリッとするまで揚げる。

炊き込みご飯って幸せの味ですよね。

炊き上がって混ぜ込む瞬間、いつも歓声があがる炊き込みご飯。
季節ごとに旬の食材を使ったレシピを考えました。
土鍋でも鍋でもおいしく作れます。

香ばしい桜えびの香りが食欲をそそる

春香る、たけのこと桜えびの炊き込みご飯

噛めば噛むほど桜えびの風味が広がります。たけのこの水煮から水分が出るので、いつもより水の分量を少なめにするのがポイントです。

材料・4人分

	お米	2合
	たけのこの水煮	150g
	油揚げ	1枚
	桜えび	10g
	小ねぎ	適量
A	和風だしの素	大さじ1
A	しょうゆ	大さじ1

作り方

1) たけのこの水煮と油揚げは短冊切り、小ねぎは小口切りにする。
2) 炊飯器にお米とA、2合分の水(調味料分減らす)を入れる。
3) たけのこの水煮と油揚げを入れて炊く。
4) 炊き上がったら桜えびを入れて混ぜ込む。
5) 茶碗に盛って小ねぎを散らす。

初夏が旬のミョウガが主役！

ミョウガの炊き込みご飯

材料・4人分

	お米	2合
A	ミョウガ	10個
A	油揚げ	1枚
A	かつお節	4g
B	大葉	15～20枚
B	小ねぎ	適量
B	白炒りごま	適量
C	和風だしの素	大さじ1と½
C	酒	大さじ2
C	しょうゆ	大さじ1
C	ごま油	大さじ½

作り方

1）ミョウガ、油揚げ、大葉は千切り、小ねぎは小口切りにする。
2）炊飯器にお米と**C**、2合分の水（調味料分減らす）を入れる。
3）2)に**A**を入れて炊く。このときミョウガをひと握りだけとっておく。
4）炊き上がったら、残しておいたミョウガと**B**を混ぜ込む。

POINT
ミョウガから水分が出るので、白米を炊くときより水を少なめに。

メインおかずの引き立て役に

クセになる夏の生姜ご飯

材料・4人分

	お米	2合
	生姜	20g
	小ねぎ	適量
A	和風だしの素	大さじ1
A	酒	大さじ2
A	しょうゆ	大さじ1

作り方

1）生姜はみじん切り、小ねぎは小口切りにする。
2）炊飯器にお米とA、みじん切りにした生姜、2合分の水（調味料分を減らす）を入れて炊く。
3）炊き上がったら器に盛り、小ねぎを散らす。

きのこ狩り歴25年の私が作る

秋の雑きのこの炊き込みご飯

材料・4人分

- お米……2合
- 雑きのこ……適量
- 油揚げ……1枚
- かつお節……2g
- A［和風だしの素……大さじ1
- A［しょうゆ……大さじ1
- 小ねぎ……お好みで

作り方

1）雑きのこは石づきを切り落とす。塩水（分量外）に30分浸けてきれいに洗い流したら、沸騰したお湯でサッと茹でる。

2）油揚げを短冊切りにする。

3）炊飯器にお米と1)、A、油揚げ、2合分の水（調味料分を減らす）を入れて炊く。

4）炊き上がったらかつお節を混ぜ込み、茶碗に盛る。お好みで小口切りにした小ねぎを散らす。

※雑きのことは山で採れるきのこの総称。

冬は生食用牡蠣を贅沢に使って

牡蠣の炊き込みご飯

材料・4人分

- お米……2合
- 生食用牡蠣……150g
- A［しょうゆ……大さじ1
- A［酒……大さじ2
- A［和風だしの素……大さじ1
- A［水……280～300g
- 生姜……10g
- かつお節……4g
- 小ねぎ……適量

作り方

1）生食用牡蠣を塩水（分量外）でサッと洗う。

2）生姜は皮をむき、針生姜にする。小ねぎは小口切りにする。

3）炊飯器にお米と1)、針生姜、Aを入れて炊く。

4）炊き上がったらかつお節を混ぜ込み、茶碗に盛って小ねぎを散らす。

ボウルで混ぜるだけで簡単にプロの味

鯛とトマトの冷製パスタ

味付けはバジルソースと塩だけだから、料理が苦手な人や忙しい人におすすめ。とろっと濃厚なバジルソースと淡白な鯛がよく合います。

キユーピー Italianteの濃厚なバジルソースは、パスタやサラダ、オーブン焼きなどアレンジ無限大！

作り方

1）カッペリーニパスタを表示時間のとおり茹で、冷水で冷やす。

2）鯛とトマトをさいの目切りにする。

3）大きめのボウルに1）と2）、モッツァレラチーズを入れ、塩とバジルソースをよく混ぜ合わせる。

材料・1人分

カッペリーニパスタ	1人分
鯛（刺身用切り身）	50g
トマト（大）	½個
モッツァレラチーズ	お好みで
塩	ひとつまみ
バジルソース	適量

市販のあれこれ使ってます

下ごしらえから味付けまで全てこなそうとするとどんどん料理が億劫に。
市販品も取り入れて、ラクをしていいんです。

おいしすぎてリピート確実！

えびとアボカドのカクテルサラダ

きゅうりを蛇腹切りにすると、噛めば噛むほどバジルソースの旨味が出てきます。
カクテルグラスに盛り付ければおしゃれな副菜の出来上がり！

作り方

1）きゅうりは蛇腹切りにし、トマトとアボカドは角切りにする。

2）ボウルに1)とえび、**A**を入れて混ぜ合わせる。

3）冷蔵庫で1時間ねかせて味を染み込ませる。

材料・3～4人分

	きゅうり	1本
	トマト（大）	1個
	アボカド	1個
	生食用ボイルむきえび	15尾
A	キユーピーのバジルソース（P058 参照）	大さじ2
A	マヨネーズ	大さじ2
A	しょうゆ	お好みで 2g

カップヌードルのアレンジレシピ

トムヤムクンの クリームパスタ風

辛くて酸味の利いたトムヤムクンもおいしいけれど、
バターと生クリームでマイルドになったトムヤムクンも絶品です。

作り方

1） カップヌードルにお湯を入れ、1分30秒待つ。
2） フライパンを中火で熱し、1）とAを入れ1分煮る。
3） 器に盛り付け、お好みで粉チーズを散らす。

材料・1人分

	カップヌードル（トムヤムクン味）	1個
A	生クリーム	大さじ2
A	にんにくチューブ	3cm
A	有塩バター	10g
	粉チーズ	お好みで

味がとてもおいしいので、辛さが苦手なで人も食べられるようにアレンジしました。

市販のお惣菜で作る

とびきりカツ煮

おもてなしをするとき、イチから全部作るのは大変。
お惣菜を上手に使えば、手軽に見栄えのするメインが完成します。

作り方

1）

スーパーなどで買ってきた豚カツ、玉ねぎ、白菜を食べやすい大きさに切る。

2）

鍋に1）とAを入れ、中火で煮る。

3）

沸騰してきたら溶き卵を流し入れる。少し煮込み、三つ葉を刻んで散らす。

材料・2人分

	豚カツ（市販品）	2枚
	玉ねぎ	½個
	白菜	100g
A	白だし	大さじ3
A	しょうゆ	大さじ2
A	みりん	大さじ3
A	砂糖	大さじ1
A	水	300mℓ
	三つ葉	適量
	溶き卵	2個分

POINT

豚カツはイチから作ってももちろんOK。溶き卵は溶きすぎないほうが見栄えがいいです。

世界のご飯を楽しもう

旅行に行くとその国ならではの料理を食べるのが楽しみ。
世界各国で味わった忘れられない味を、ｍｉｓａ流に食べやすくアレンジしました。

台湾で食べたものをアレンジ

恋焦がれの魯肉飯

甘辛い味が好きな夫の舌に合わせて、八角なしで作りました。
本場のようにクセがないから、家族で食べやすい味になっています。

作り方

1）Aを全て混ぜ合わせ、豚バラ肉ブロックを食べやすい大きさに切る。
2）油はひかずフライパンに1）を入れ、たれがとろとろするまで中火で20〜30分煮詰める。
3）ご飯にのせ、煮卵とチンゲン菜、お好みで糸とうがらしをトッピングする。

材料・4〜5人分

	豚バラブロック肉	700g
A	みりん	100mℓ
A	酒	50mℓ
A	砂糖	15g
A	しょうゆ	大さじ2
A	りんご酢	大さじ1
A	生姜チューブ	20g
A	にんにくチューブ	20g
A	オイスターソース	大さじ1
A	鶏がらスープの素	小さじ1
A	ごま油	大さじ½
A	水	200mℓ
	煮卵	4〜5個
	塩茹でしたチンゲン菜	適量
	ご飯	4〜5人分
	糸とうがらし	お好みで

タイで食べた本場の味をアレンジ

ガパオライス

ひき肉やパプリカは、水分がなくなるまで炒めるのがポイント。我が家の目玉焼きは油を多めにして揚げ焼きにしています。

材料・5人分

	鶏ひき肉	500g
	赤パプリカ	1個
	黄パプリカ	1個
	玉ねぎ	1個
A	にんにくチューブ	大さじ1
A	豆板醤	大さじ1
A	鶏がらスープの素	大さじ1と½
A	オイスターソース	大さじ1
A	しょうゆ	大さじ1
A	塩コショウ	少々
A	砂糖	小さじ2
	ごま油	大さじ1
	バジル	30枚
	目玉焼き	5個
	ご飯	5人分

作り方

1) 玉ねぎはみじん切りにし、パプリカは角切りにする。
2) フライパンにごま油をひき、中火で1)と鶏ひき肉を炒める。
3) 香りが立ってきたら**A**を加え、混ぜ合わせながら水分がなくなるまで炒める。
4) 仕上げにバジルを入れ、サッと炒める。
5) ご飯とともに4)を盛り付け、目玉焼きをのせる。

お好きなトッピングで好みの味に

旨辛担々麺

台湾で食べた担々麺を再現。海外在住でねりごまが手に入りにくいという姉のために、ピーナッツバターで代用できるレシピになっています。

材料・2人分

	中華麺	2玉
A	豚ひき肉	150g
A	長ねぎ	20cm
A	甜麺醤	小さじ½
A	豆板醤	小さじ½
A	にんにくチューブ	小さじ1
A	しょうがチューブ	小さじ1
A	塩コショウ	少々
	ごま油	大さじ1
B	水 or 牛乳 or 豆乳（お好みで）	800㎖
B	味噌	大さじ3
B	鶏がらスープの素	大さじ1
B	しょうゆ	大さじ½
B	砂糖	小さじ2
B	にんにくチューブ	小さじ2
	ねりごま（ピーナッツバターで代用可）	大さじ3
	ラー油	適量
	ごま油	大さじ½
	糸とうがらし	お好みで
	お好きな具材	適量

作り方

1）長ねぎをみじん切りにする。

2）フライパンにごま油をひき、**A**を炒める。全体に火が通ったら器に取り出しておく。

3）**B**を鍋に入れて中火で熱し、煮立ったら火を止めてねりごまを加える。

4）中華麺を茹でて器に移し、3)を注ぐ。

5）2)とお好きな具材をのせ、お好みでラー油とごま油をまわしかける。

ヨーロッパで食べたパスタを家庭で

ポルチーニのクリームパスタ

クロアチアに行ったとき、ホテルで食べて感動したパスタを再現。ポルチーニの風味が豊かで、ちょっとリッチなレストランの味です。

材料・2人分

	パスタ	200g
	乾燥ポルチーニ	10g
	厚切りベーコン	100g
	にんにく	大２片
	有塩バター	20g
A	生クリーム	200g
A	コンソメキューブ	２個
A	パルメザンチーズ	大さじ２
A	塩コショウ	少々
A	ポルチーニの戻し汁	150mℓ

作り方

1）
乾燥ポルチーニはぬるま湯に30分浸して戻し、食べやすい大きさに切る。戻し汁はとっておく。

2）
にんにくはみじん切りに、ベーコンは食べやすい大きさに切る。

3）
フライパンに有塩バターを入れ、焼き色がつくまでにんにくとベーコンを炒める。

4）
3）にAと1）で切ったポルチーニを加えて煮詰める。

5）
表示時間どおり茹でたパスタを4）に入れ、サッと絡める。

全国のラーメンを食べ歩き研究を重ねた

至極のしょうゆラーメン

最強のしょうゆラーメンを求めて全国のラーメンを食べ歩いてたどり着いた味。
鶏油を入れるとコクが出て、グッと本格的になります。

POINT

味に深みがある鶏油がオススメですが、なければごま油で代用できます。

作り方

1)
Aを丼に入れる。

2)
熱湯を注ぐ。表示時間どおり茹でた中華麺とお好きな具材を盛り付ける。

材料・1人分

- 中華麺……1玉
- A
  - めんつゆ(3倍濃縮)……大さじ1
  - しょうゆ……大さじ1
  - 鶏がらスープの素……大さじ½
  - 味覇……小さじ1
  - 鶏油……小さじ1
  - にんにくチューブ……小さじ½
  - オイスターソース……小さじ½
  - 塩コショウ……少々
- 熱湯……350mℓ
- お好きな具材……適量

韓国発祥のダルゴナコーヒーをアレンジ！

リッチなダルゴナココア

私自身、コーヒーが得意ではないのでダルゴナコーヒーをココアにアレンジ。
氷をたっぷり入れるのが層をきれいに見せるコツです。

材料・1〜2人分

A	ココアパウダー	大さじ2
A	グラニュー糖	大さじ2
A	生クリーム	100mℓ
	牛乳	適量
	氷	適量
	ココアクッキー（飾り）	適量

作り方

1）
Aをボウルに入れ、ココアパウダーが飛び散らないように優しく混ぜる。

2）
1）を泡立てる。とろっと角が立つくらいがベスト。ハンドミキサーを使ってもOK。

3）
グラスに氷をたっぷり入れ、牛乳をグラスの七〜八分目まで注ぐ。

4）
3）に2）をのせ、砕いたココアクッキーを飾る。

おうちカフェを楽しもう

濃厚！ 黒糖蜜抹茶ラテ

有名コーヒー店のようなおしゃれドリンクを自宅でも。
グラスの八～九分目まで氷を入れ、氷に当てながら注ぐと美しい層が作れます。

材料・1人分

（グラス1杯の容量350cc）

抹茶（パウダー）……2～3g
黒糖蜜
（黒蜜で代用可）……大さじ1～2
牛乳……120mℓ
熱湯……50mℓ
氷……適量

作り方

1）抹茶パウダーと熱湯を混ぜ合わせ、ダマがなくなるようによくかき混ぜる。黒糖蜜を黒蜜で代用する場合は、抹茶パウダーと同時に混ぜ合わせる。
2）グラスの八～九分目まで氷を入れ、牛乳、黒糖蜜、1）の順に注ぐ。

作り方

1）商品の表示通りにココアを作る。
2）別のカップや深めの耐熱容器に牛乳を入れる。500Wの電子レンジで1分温め（沸騰直前）、ミルクフォーマーで泡立てる。
3）1）に2）を加え、マシュマロをのせてココアパウダーをふるう。お好みでチョコレートシロップをかける。

材料・1人分

お好きな

インスタントココア	1本
熱湯	商品に表示の量
マシュマロ	2～3個
牛乳	50mℓ
ココアパウダー	適量
チョコレートシロップ	お好みで

私はネスレの香るまろやかミルクココアを愛用しています。

寒い冬、遊びに来てくれた友達に
ホッとマシュマロココア

インスタントココアを使うので、寒い時期の急な来客のおもてなしに便利。
マシュマロトッピングでカフェ気分を味わって。

Column 2

おせちが苦手な家族も喜ぶ

わが家のお正月レシピ

さまざまな意味や願いが込められているおせちですが、食べられるものがないという声もよく聞きます。
そこで、大人も子どもも食べやすいmisa流おせちを考案しました。

「食べるものがない」なんて言わせない

お正月の新定番 紅白玉子焼き

同僚に「夫が伊達巻が好きじゃなくて…」と相談したらこうやって食べるとおいしいよ、と教えてもらった玉子焼きをご紹介します。

材料・2人分

A	長ねぎ	10cm
A	にんじん	30g
A	紅かまぼこ	30g
	牛ひき肉	50g
	卵	6個
B	しょうゆ	小さじ1
B	和風だしの素	大さじ1
B	水	30mℓ

作り方

1) Aをみじん切りにする。にんじんはさらに細かいみじん切りに。
2) ボウルに卵を割り入れて溶きほぐし、1)とB、牛ひき肉を加えてよく混ぜ合わせる。
3) 巻きすの上にキッチンペーパーを敷いておく。
4) 玉子焼き器を中火で熱し、油（分量外）をひいたあとキッチンペーパーで余分な油を拭きとる。
5) 2)を数回に分けて入れ、手前に巻いていく。巻いたらその都度奥にずらし、4)で使ったキッチンペーパーで玉子焼き器に油をぬり広げる。
6) 焼き上がったら3)にのせ、巻きすで形を整える。

お正月もお肉が食べたい！の声に応えて

見た目も華やか 門松風肉巻き

おせちに合うお肉料理といえば肉巻き。パプリカといんげんを交互に置き、市松模様にするのがポイントです。

材料・4人分

	豚ロース薄切り肉	10枚（350g）
	いんげん	20本
	赤パプリカ	1個
A	しょうゆ	大さじ2
A	白だし	大さじ1
A	みりん	大さじ1
A	酒	大さじ1
A	砂糖	大さじ1
A	水	100mℓ

作り方

1）パプリカは20等分になるようくし切りにしておく。

2）豚ロース薄切り肉の上にパプリカ2切れといんげん2本を交互に置き、巻いていく。

3）中火で熱したフライパンに油（分量外）をひき、肉の巻き終わりを下にして焼いていく。

4）両面にこんがりと焼き色がついたら、**A**を入れ蓋をして煮る。

5）10分たったら蓋をとり、汁気がなくなるまで煮詰めていく。

6）門松のように斜め半分にカットする。

りんご酢がポイント!

酸味がマイルドな 菊花かぶ

長寿を願うという意味が込められた菊花かぶ。なますのような
すっぱさが苦手な人のために、りんご酢で作りました。

材料・2人分

	かぶ	3～4個
A	水	450mℓ
A	塩	大さじ1
B	水	100mℓ
B	りんご酢	150mℓ
B	砂糖	大さじ2
	鷹の爪輪切り（飾り用）	適量

作り方

1）かぶは茎の付け根から下を切り、縦に皮をむく。

2）かぶを挟むように割り箸を置き、割り箸にあたる直前まで包丁を入れて2mm幅程度の切り込みを入れる。90°向きをかえ、同様に包丁を入れて格子状にする。

3）ボウルに**A**を入れて混ぜる。塩が溶けたら2）を加え、冷蔵庫で30分冷やす。このとき様子をみて上下をかえるといい。

4）手で包むように水気を絞る。サッと洗ったボウルに**B**を入れて混ぜ、2）を入れて冷蔵庫で1時間ほど漬け込む。このときも30分ごとに上下をかえる。

5）手で包むように軽く水気を絞り、半分に切る。形を整えて鷹の爪をのせる。

chapter 3

ササッと出せるのに おいしいサブメニュー

手間をかけずに彩りよく、そしておしゃれに。
見た目が華やかだと野菜が苦手な人でもパクパク食べてくれます。
副菜としてはもちろん、つきだしやおつまみにもぴったり。
箸が進みすぎて「これ、おかわりないの？」
って言われちゃうはずです。

手が込んで見えるおしゃれなおもてなしメニュー

ズッキーニとアボカドのミルフィーユ仕立て

ズッキーニの皮をむいて縞々にすると、見た目のおしゃれ度が一気にアップ！焼き目をしっかりめにつけるのもポイントです。

材料

	ズッキーニ	1本
	アボカド	1個
A	ツナ缶	1缶
A	マヨネーズ	大さじ1
A	塩コショウ	適量
	有塩バター	10g
	塩	少々
B	カッテージチーズ	適量
B	ブラックペッパー	お好みで
B	オリーブオイル	お好みで

POINT

カッテージチーズは裏ごしされていないものを使用してください。私は雪印北海道100カッテージチーズを愛用。

作り方

1）
アボカドを半分に切り、スプーンを使って皮から実を外しフォークや手でつぶす。**A**を入れてよく混ぜ合わせる。

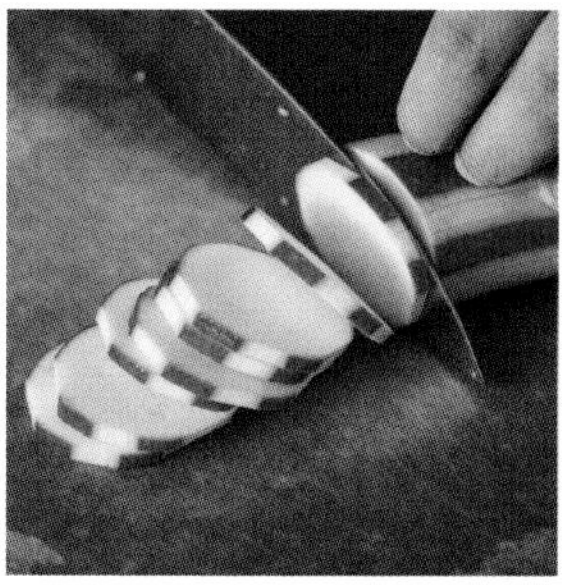

2）
ズッキーニは縞目になるように皮をむき、3㎜の厚さに切る。

3）
中火で熱したフライパンに有塩バターを入れ、**2)**を両面焼く。焼き色がついたら塩を振る。

4）
器に**1)**と**3)**を順番に積み重ね、**B**を散らす。

作り方

1）ミニトマトはヘタを取り、半分にカットする。
2）ボウルに1）とカッテージチーズと岩塩を入れ、スプーンでサッと混ぜる。
3）乾燥パセリを散らし、お好みでオリーブオイルをたらす。

材料

ミニトマト	好きなだけ
カッテージチーズ	適量
岩塩	適量
オリーブオイル	お好みで
乾燥パセリ	適量

ミニトマトを切って混ぜるだけ！

トマトとカッテージチーズのサラダ

カッテージチーズは切る手間がないのが魅力。
カプレーゼのようにきれいに並べなくても、サッと混ぜるだけで一皿完成です。

トマトをいちごにかえてちょっとリッチに

カッテージチーズといちごのサラダ

トマトの代わりにいちごを使うと、女性が喜ぶおしゃれサラダになります。
クセのあるオリーブオイルは使わずサラダ油を使用。

材料

いちご	3個
ベビーリーフ	1袋
生ハム	適量
カッテージチーズ	適量

【ドレッシング】

しょうゆ	大さじ1
りんご酢	大さじ1
みりん	大さじ½
砂糖	ひとつまみ
サラダ油	大さじ1
にんにくチューブ	2cm

作り方

1) ドレッシングの材料を全て混ぜ合わせておく。
2) いちごを半分に切る。
3) 器にベビーリーフ、いちご、カッテージチーズ、生ハムを盛り付け、1)をかける。

ごま油のおかげで生の春菊がおいしく食べられる

春菊と生ハムのカクテル

生の春菊はえぐみが強いと思いきや、
ごま油が打ち消してくれるので心配無用。
生ハムの代わりにベーコンを入れてもおいしいです。

材料

	春菊	1袋（150g）
A	鶏がらスープの素	大さじ½
A	ごま油	大さじ1
A	にんにくチューブ	大さじ1
A	生ハム	適量

作り方

1）春菊は水でよく洗い、ざく切りにする。

2）Aと1）をサッと混ぜ合わせる。

オーストラリアで食べた思い出の味

ナスとトマトのクリームカクテル

バルサミコ酢の甘酸っぱさを生クリームがマイルドにして柔らかい味に。
素揚げしたパリパリのナスの皮が食感のアクセントになります。

作り方

1）ナスは1本は皮をむき、もう1本は皮つきのままいちょう切りにする。皮は千切りにする。
2）ミニトマトはみじん切りにする。
3）170℃の油でナスの皮を1分弱素揚げする。皮を取り出し、いちょう切りにしたナスも素揚げする。
4）2)と素揚げしたナスをAで和え、皮の素揚げを飾り付ける。
5）生クリームをたらす。コーヒーフレッシュでも可。

材料

	ナス	2本
	ミニトマト	1個
A	コンソメ（顆粒）	小さじ½
A	塩コショウ	少々
A	バルサミコ酢	小さじ½
	生クリーム（コーヒーフレッシュで代用可）	少々
	揚げ油	適量

一度食べたらまた食べずにはいられない

悪魔のおつまみ

切って混ぜるだけ。一瞬で味が決まる簡単レシピです。
わが家では、お客さんが来たときにつきだし代わりに出しています。

材料

	アボカド	1個
	マグロ（刺身用）	150g
A	塩昆布	大さじ1弱
	鶏がらスープの素	小さじ½
	ごま油	小さじ2
	白炒りごま	適量
	悪魔になる心	少々

作り方

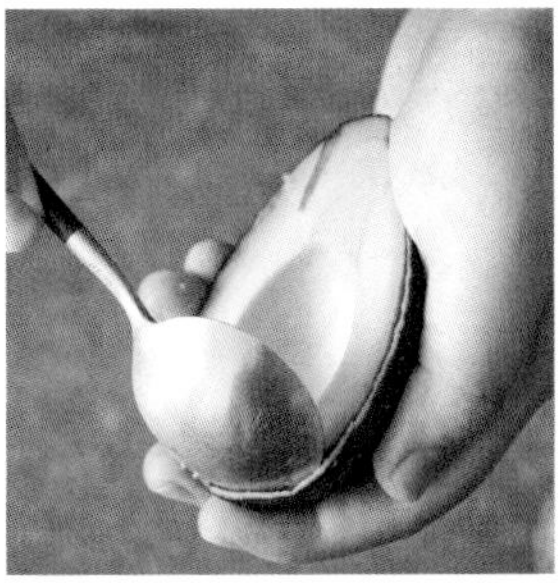

1）
アボカドを半分に切り、スプーンを使って皮から実を外す。皮は器にするため残しておく。

2）
アボカドとマグロを角切りにする。

3）
ボウルに2）と**A**を加え、優しく混ぜ合わせる。

4）
3）をアボカドの皮の器に盛り付ける。

ピリリと辛い大人の味

即席！もやしの旨辛ナムル

材料

	もやし	1袋
A	ごま油	大さじ½
A	豆板醤	大さじ½
A	鶏がらスープの素	小さじ1
A	塩	ひとつまみ
A	にんにくチューブ	4cm
A	白炒りごま	適量
	糸唐辛子	お好みで

作り方

1）もやしは沸騰したお湯で1分茹でる。

2）1)をボウルに入れ、**A**を全て加えて混ぜる。

3）冷蔵庫に入れ味をなじませる。器に盛りお好みで糸唐辛子を散らす。

居酒屋のお通しで食べた味を再現

お酒に合うにぎやかナムル

材料

	鶏ササミ	1本
	にんじん	30g
	ニラ	30g
	もやし	1袋
	塩	少々
	酒	大さじ1
A	白だし	大さじ1と½
A	醤油	大さじ½
A	ごま油	小さじ2
A	胡麻	適量

作り方

1）鶏ササミに塩をなじませたら酒大さじ1を加え、ふんわりラップをして600Wの電子レンジで2分加熱する。

2）粗熱がとれた鶏ササミを手でさいておく。

3）にんじんは千切り、ニラはざく切りにする。

4）沸騰したお湯に塩（分量外）を入れ、にんじんを茹でる。1分たったら同じ鍋にニラともやしを入れてさらに1分茹でる。

5）水切りをした4)と2)をボウルに入れ、**A**を加え混ぜ合わせる。

洒落たナムルが食べたくて考案
生ハムとアボカドのナムル

材料

- アボカド……1個
- 生ハム……5枚（40g）
- モッツァレラチーズ……70g
- A
  - 鶏がらスープの素……小さじ1
  - ごま油……小さじ2
  - 白炒りごま……適量

作り方

1）アボカドを1.5〜2cmの角切りにする。

2）ボウルに1）を入れ、モッツァレラチーズと手でちぎった生ハムを加える。

3）**A**を加えて優しく混ぜ合わせる。

レンチンであっという間に完成！
ピーマンナムル

作り方

1）ピーマンはヘタとタネを取り、サッと水で洗い流し細切りにする。

2）耐熱容器に1）を入れ、ラップをしないで600Wの電子レンジで1分〜1分30秒加熱する。

3）2）に**A**を加えて混ぜ合わせたら、冷蔵庫に入れて味をなじませる。

材料

- ピーマン……4個
- A
  - 和風だしの素……小さじ1
  - ごま油……小さじ1〜2
  - 白炒りごま……適量
  - 塩……ひとつまみ

三つ葉の一番おいしい食べ方を発見

三つ葉と鶏ササミのわさびじょうゆ和え

同僚に「わさびじょうゆで食べるとおいしい」と聞いて試してみたら、今まで作ったなかで一番おいしい三つ葉料理になりました。

作り方

1)

鶏ササミに塩をなじませたら酒を加え、ふんわりラップをして600Wの電子レンジで2分加熱する。粗熱がとれたら手で繊維をほぐすように細かくちぎる。

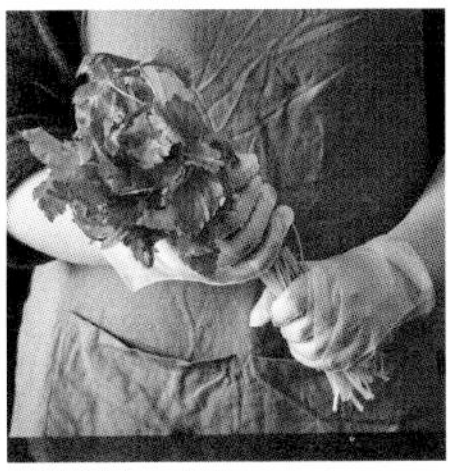

2)

三つ葉は根元を切り落とし、よく洗う。

3)

鍋で湯を沸かし、沸騰したら塩（分量外）を入れる。葉を持ち、茎だけ鍋に入れて10秒茹でる。

4)

3)に葉も入れ、20〜30秒茹でる。水でサッと冷やして水気をよくしぼり、食べやすい大きさにカットする。

5)

1)と**4)**をしょうゆとわさびで和える。

材料

鶏ササミ	½本
三つ葉	3束
酒	大さじ1
しょうゆ	小さじ½
わさび	適量

野菜が苦手な子どもも食べられるヒーローレシピ

磯香和え

海苔が崩れるまでじっと待つと、海苔の風味が全体に広がって格段においしくなります。マヨネーズを加えるのもおすすめ。

材料

	にんじん	30g
	ほうれん草（小松菜でも可）	4株（170g）
	もやし	1袋
	塩	少々
A	しょうゆ	大さじ½
A	和風だしの素	小さじ2
A	刻み海苔	4〜6g

作り方

1）にんじんは千切り、ほうれん草はざく切りにする。

2）沸騰したお湯に塩を入れ、にんじんを茹でる。1分たったら同じ鍋にほうれん草ともやしを入れてさらに1分茹でる。

3）水切りをした2）をボウルに入れ、Aを加え混ぜ合わせる。

4）海苔が崩れるまで30分程度おく。

納豆と野菜って、実は相性がいいんです

ひきわり納豆和え

納豆は野菜となじみやすいひきわりがベスト。
副菜としてそのまま食べても、
ご飯にかけて食べてもおいしいんです。

材料

	ひきわり納豆	2パック
	にんじん	30g
	ほうれん草	3株
	もやし	1袋
	ハム	4〜5枚
A	しょうゆ	大さじ1
A	和風だしの素	大さじ½
A	からし	お好みで
	塩	少々

作り方

1) ひきわり納豆は付属のタレとからしを入れ、よく混ぜておく。
2) にんじんは千切り、ほうれん草はざく切り、ハムは短冊切りにする。
3) 沸騰したお湯に塩を入れ、にんじんを茹でる。1分たったら同じ鍋にほうれん草ともやしを入れてさらに1分茹でる。
4) 水切りをした3)をボウルに入れ、1)とA、ハムを加えよく混ぜ合わせる。

マロニーちゃんのツルツル食感が楽しい！

中華スープ

マロニーちゃんのツルツルッとした食感が楽しい大人気のスープ。もちろん、春雨で代用してもいいですよ。

作り方

1）Aを鍋に入れ、ひと煮立ちさせる。
2）長ねぎはみじん切りにし、鶏ササミは筋を取り食べやすい大きさに切る。
3）1)に2)とマロニーちゃんを加えて全体に火が通るまで煮込む。
4）3)に角切りにした絹豆腐を加える。中が温まるまで煮込んだら火を止めてごま油を入れる。

材料

	長ねぎ	1本
	鶏ササミ	2本
	絹豆腐	400g
	お鍋にマロニーちゃん	50g
A	水	1000mℓ
A	鶏がらスープの素	大さじ2
A	しょうゆ	大さじ1
A	酒	大さじ1
A	塩コショウ	少々
A	生姜チューブ	小さじ½
A	にんにくチューブ	小さじ1
	ごま油	大さじ1

最後の一滴までうまい
トマトと卵のスープ

洋風の献立に欠かせないコンソメベースのスープ。
具だくさんで食べごたえがあり、
私はダイエット中にもよく食べていました。

作り方

1) Aを鍋に入れてひと煮立ちさせる。
2) トマトとベーコンは食べやすい大きさに切り、レタスはちぎって1)に入れて煮込む。
3) 沸騰したら溶き卵を加え、軽くかき混ぜる。

材料

	トマト	2個
	レタス	150g
	ベーコン	60g
	溶き卵	2個分
A	水	1000mℓ
A	コンソメキューブ	4個
A	にんにくチューブ	5cm
A	塩コショウ	少々

A drink in a delightful moment
helps you take your mind off your busy everyday life.

chapter 4

絶対に喜ばれる自慢のスイーツ

スイーツ作りは工程が多く、作るのがとにかく大変。
そんなイメージを払拭したい。
なるべく工程を減らして、気軽に作ってほしい。
そんな思いを込めて作ったスイーツたちです。
お店で買ったような本格的な味をご自宅でどうぞ。

G
Gâteaux
Les gâteaux délicieux
nous apportent
un bon moment

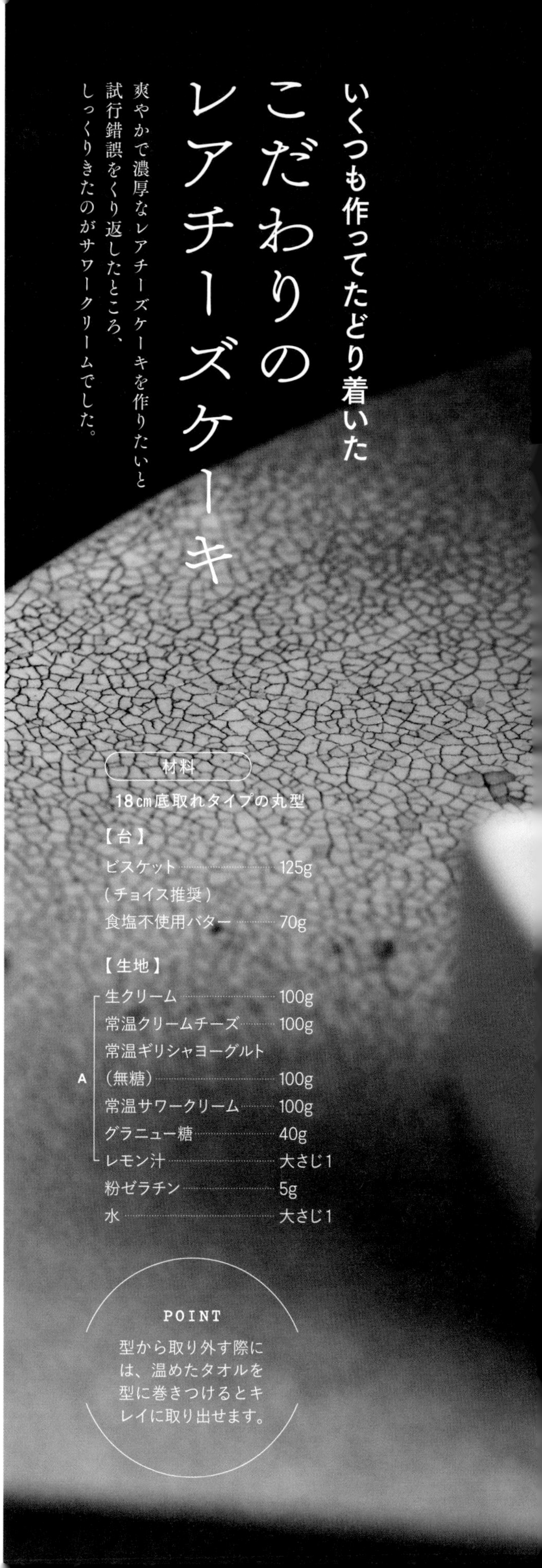

いくつも作ってたどり着いた

こだわりのレアチーズケーキ

爽やかで濃厚なレアチーズケーキを作りたいと試行錯誤をくり返したところ、しっくりきたのがサワークリームでした。

材料

18㎝底取れタイプの丸型

【台】

	ビスケット（チョイス推奨）	125g
	食塩不使用バター	70g

【生地】

A	生クリーム	100g
A	常温クリームチーズ	100g
A	常温ギリシャヨーグルト（無糖）	100g
A	常温サワークリーム	100g
A	グラニュー糖	40g
A	レモン汁	大さじ1
	粉ゼラチン	5g
	水	大さじ1

作り方

1）

ファスナー付き保存袋にビスケットを入れ、めん棒で叩いて細かく砕く。

2）

ボウルに1）を移し、500Wの電子レンジで1分加熱して溶かしたバターを入れて混ぜ合わせる。

3）

2）を型に敷きつめ冷蔵庫で冷やす。底が平らなコップにラップをし、型の縁までしっかりと押さえつけると綺麗に仕上がる。

4）

Aの生クリームは大さじ1だけゼラチン用にとっておく。それ以外の**A**を順番を気にせずボウルに入れてよく混ぜる。

5）

粉ゼラチンを水に振り入れてふやかす。生クリーム大さじ1を加え、500Wの電子レンジで20秒加熱（沸騰寸前）。よく混ぜて粗熱をとる。

6）

4）に5）を加えてしっかりと混ぜる。冷やしてあった台に流し込み、冷蔵庫で一晩冷やす。

POINT

型から取り外す際には、温めたタオルを型に巻きつけるとキレイに取り出せます。

あっさりかつ濃厚な味わい

ヨーグルトケーキ

ヨーグルトの水切り不要で、チーズケーキかのようにコクがあるのに低カロリー。
お好みでアプリコットジャムとともに召し上がれ。

材料

18㎝底取れタイプの丸型

【台】

ビスケット	125g
無塩バター	70g

【生地】

A	常温プレーンヨーグルト	200g
A	生クリーム	200g
A	グラニュー糖	40g
A	レモン汁	大さじ½
	ゼラチン	5g
	ゼラチン用の水	大さじ1

作り方

1) ファスナー付き保存袋にビスケットを入れ、めん棒で叩いて細かく砕く。

2) ボウルに**1)**を移し、500Wの電子レンジで1分加熱して溶かしたバターを入れて混ぜ合わせる。

3) **2)**を型に敷きつめ冷蔵庫で冷やしておく。底が平らなコップにラップをして、型の縁までしっかりと押さえつけて敷きつめると綺麗に仕上がる。

4) **A**の生クリームは大さじ1だけゼラチン用にとっておく。それ以外の**A**をボウルに入れてよく混ぜる。

5) 粉ゼラチンをゼラチン用の水に振り入れてふやかす。生クリーム大さじ1を加え、500Wの電子レンジで20秒加熱（沸騰寸前）。よく混ぜて粗熱をとる。

6) **4)**に**5)**を加えてしっかりと混ぜる。冷やしてあった台に流し込み、冷蔵庫で一晩冷やす。

インスタグラムでレシピを教えて！の声が止まらない

いちごタルト

私の十八番レシピ。タルト台にはバズりクッキーの生地を使い、
クレームダマンドと一気に焼けるようにしました。
ドライフルーツやナッツでリッチに仕上げるのがポイント。

タルト台

材料

20㎝タルト型

【タルト台】

バズりクッキー（P022）	レシピの半量

【クレームダマンド】

常温食塩不使用バター	50g
グラニュー糖	50g
アーモンドプードル	50g
常温溶き卵	1個
薄力粉	10～15g
ドライフルーツ	ひと握り
お好きなナッツ	お好みで

【クリーム】

生クリーム or アールグレイクリーム（P016）or カスタードクリーム

いちご	適量
粉糖、ピスタチオ	お好みで

作り方

1）

クッキー生地をラップで挟み、2～3㎜程の厚さになるまでめん棒で伸ばす。

2）

タルト型に敷き込み、余分な生地は取り除いて形を整える。フォークで穴を開けて冷蔵庫で冷やす。

作り方

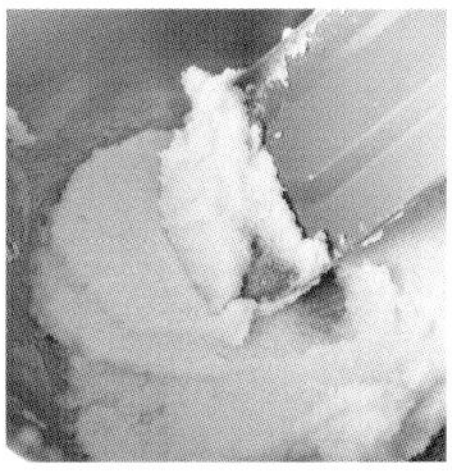

1)

ボウルでバターを軽く練り、グラニュー糖を加えて白くなるまでハンドミキサーでよく混ぜる。

2)

1)にしっかりと混ぜた溶き卵を数回に分けて入れ、ハンドミキサーその都度よく混ぜる。少し分離してもOK。

3)

2)にアーモンドプードルと薄力粉を入れ、ヘラで練るようによく混ぜる。

4)

3)にみじん切りにしたドライフルーツ、ナッツを加えて混ぜ合わせる。

5)

4)をラップで包んで冷蔵庫で30分冷やしたら、タルト台に敷き込み160〜170℃に予熱したオーブンで40〜45分焼く。

6)

常温でしっかり冷まし、常温で一晩寝かせる。翌日お好みのクリームといちごを盛り付けお好みで粉糖、ピスタチオで飾り付ける。

クレームダマンド

POINT

アーモンドプードルと薄力粉はふるわなくて大丈夫。タルトストーンも必要ありません。

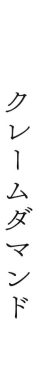

ATTENTION

オーブンによっては天板にお湯を張ることを推奨していないことも。その場合、アルミ製のバットにお湯を張って天板にのせてください。

SNS民が大絶賛した
上品なテリーヌショコラ

私のレシピは子どもも食べやすいものが多いですが、これはブラックチョコを使った大人向けのスイーツ。コーヒーに合う、濃厚で上品な味を堪能してください。

材料

18㎝パウンド型

板チョコ（ブラック）	200g
グラニュー糖	30g
食塩不使用バター	80g
生クリーム	100g
常温溶き卵	3個
ココアパウダー	お好みで

作り方

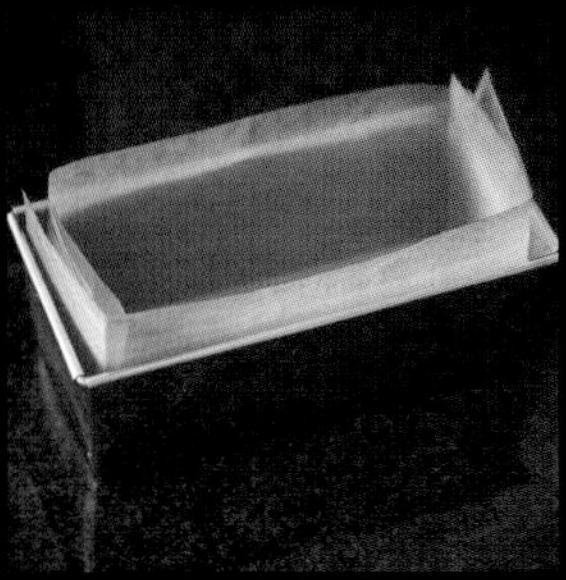

1）
型にオーブンシートを敷き、湯煎焼き用のお湯を沸かしておく。

2）
常温の板チョコを細かく砕いてボウルに入れ、グラニュー糖を加える。

3）
耐熱ボウルに食塩不使用バター、生クリームをそれぞれ入れてラップをふわっとかけ、500Wの電子レンジで1分加熱（沸騰寸前）。**2）**に流し入れチョコが溶けきるように泡立て器でよく混ぜる。

4）
溶き卵を数回に分けて加え、その都度しっかり混ぜる。

5）
4）を型に流し、天板に型の1/3の高さまで湯を張って予熱なしの180℃のオーブンで15分湯煎焼きする。その後、アルミホイルを被せて20〜30分引き続き湯煎焼き。粗熱がとれたら冷蔵庫でひと晩寝かせる。型から取り出しお好みでココアパウダーをふるう。

作らない理由がない 夢のような チーズテリーヌ

コーンスターチ以外一気に混ぜるから手間がかからず
ベイクド、スフレ、レアの3つの味が楽しめます。

材料

18㎝パウンド型

常温クリームチーズ……200g
常温ギリシャヨーグルト
（無糖）……100g
常温サワークリーム……90g
生クリーム……50g
グラニュー糖……50g
常温全卵……1個
レモン汁……大さじ1
コーンスターチ……10g

作り方

1）型にオーブンシートを敷き、湯煎焼き用のお湯を沸かしておく。
2）ボウルを用意し、コーンスターチ以外の材料を同時に入れ、ハンドミキサーでよく混ぜる。
3）2）にコーンスターチをふるい入れ、粉気がなくなるまでよく混ぜる。
4）3）を型に流し入れたら、軽くトントンと平らな場所で空気を抜く。
5）180°Cで予熱したオーブンで15分焼く。その後、天板に型の1/3の高さまで湯を張り、160°Cに温度を下げて25分焼く。表面が焦げないよう、ある程度焼き色がついたらアルミホイルを被せる。
6）粗熱をとり、冷蔵庫で一晩寝かせる。

抹茶パウダーのベストな比率が見つかった自信作

贅沢な抹茶テリーヌ

ホワイトチョコを少なく、生クリームを多めにしたのがポイントです。

抹茶好きの私が満足できるくらい濃厚に仕上げました。食べた瞬間、あなたもハマるはず。

作り方

1）型にオーブンシートを敷き、湯煎焼き用のお湯を沸かしておく。
2）常温のホワイトチョコを細かく砕いてボウルに入れ、グラニュー糖を加える。
3）ボウルにバター、生クリームをそれぞれ入れてラップをふわっとかけ、500Wの電子レンジで1分加熱（沸騰寸前）。2）に流し入れる。
4）ホワイトチョコが溶けきるように泡立て器でよく混ぜる。ムラなく混ざったら抹茶も入れて、よく混ぜる。
5）溶き卵を数回に分けて加え、その都度しっかり混ぜる。
6）型に5）を流し込む。天板に型の1/3の高さまで湯を張り、予熱なしの180℃のオーブンで15分湯煎焼きする。アルミホイルを被せ、さらに20～30分湯煎焼きする。
7）粗熱がとれたら冷蔵庫で一晩寝かせる。

材料

18㎝パウンド型

ホワイトチョコ	150g
食塩不使用バター	100g
生クリーム	60g
抹茶	20g
グラニュー糖	20g
常温溶き卵	3個分

Column 3

おもてなしの日のタイムスケジュール

おもてなしをする日、まずはお客さんの好みに合わせて献立を決めます。
そして、できるだけ新鮮な食材を使いたいので買い出しは直前に。
お客さんの到着時間に合わせてつきだしの料理を出し、
メインは到着から10〜15分のうちに仕上げるのがマイルールです。

DINNER

夜ご飯のおもてなし

鶏肉のオーブン焼きをはじめ、彩り豊かな料理を並べて楽しい食卓に。チーズテリーヌを前日に作っておけば、あとはどれもサッと作れるものばかりなので仕事終わりの食事会にも！

お品書き

- ローズマリー香る　鶏肉のオーブン焼き
- えびとアボカドのカクテルサラダ
- 生ハムとアボカドのナムル
- トマトと卵のスープ
- ガーリックトースト
- 夢のようなチーズテリーヌ

タイムスケジュール

15:00　**食材の買い出しに行く**

16:30　**えびとアボカドのカクテルサラダを作る**
はじめに作って冷蔵庫で冷やしておくと、味が染み込んでよりおいしくなります。

16:45　**トマトと卵のスープを作る**

17:10　**ガーリックトーストを仕込む**
温めるのはお客さんが到着してからです。

17:25　**ローズマリー香る 鶏肉のオーブン焼きを仕込む**
食べる直前に焼き上がるよう、ここでは肉と野菜を並べるところまで。

17:40　**鶏肉のオーブン焼きを焼き始める**
来客時間の20〜30分前になったらオーブンで焼き始めます。

生ハムとアボカドのナムルを作る
オーブン焼きを焼いている間にナムルを作ります。アボカドは変色しやすいので、直前に作るのがおすすめ。

18:00　**友人来訪**

LUNCH

お昼ご飯のおもてなし

いちごタルトは飾り付け前まで前日に仕込んでおき、朝一番に好みのいちごを買いに行きます。そのときにお惣菜の豚カツを買ってもいいですし、余裕があればイチから揚げてもいいです。

お品書き

- とびきりカツ煮
- クセになる生姜ご飯
- 即席！もやしの旨辛ナムル
- お酒に合うにぎやかナムル
- ピーマンナムル
- お味噌汁
- いちごタルト

タイムスケジュール

8:30　**クセになる生姜ご飯用のお米を30分水に浸してから食材の買い出しに行く**

9:20　**ナムル3種とお味噌汁を作る**
食べる直前まで冷蔵庫で寝かせると味がよくなじみます。
同時進行でお味噌汁を作ります。

10:00　**とびきりカツ煮の野菜を切ったり、煮汁を仕込む**

10:15　**とびきりカツ煮用のトンカツを揚げる**
お惣菜のトンカツでももちろんOK。食べる人も参加すると楽しいので、卵を入れる手前でストップしておきます。

10:45　**クセになる生姜ご飯を土鍋で炊く**

11:00　**いちごタルトの飾り付けをする**

11:30　**友人来訪**
各々、カツ煮の卵を溶いて好きな固さになるよう煮込んでもらいます。

epilogue

みんながおいしいっていってくれたから
レシピ本になりました。

まずはじめに、このレシピ本を手に取っていただき
本当にありがとうございます。

このレシピ本は
「工程が多いと作る前から嫌になる」
という友人の声を聞いて
料理やお菓子作りに苦手意識がある方にも
気軽に作っていただけるように
可能な限り工程を省いても
おいしさが最大限に残る配合を追求した1冊です。

星の数ほどあるレシピの中から
自分に合ったレシピと出会い、
この書籍の向こう側にいるあなたが
少しでも心の負担なく料理を作ることができたらいいなぁ…と。
そしてこのレシピ本が
「自分に合ったレシピ」の選択肢の一つになることができたら、
とても嬉しいです。

この本を手に取ってくれた方に寄り添える本になりますように。

全てのはじまりはきっとここから。

misa

m i s a　/　ミサ

長野県在住の料理系インフルエンサー。元々インテリアが好きでInstagramで発信していたが、自身の作る料理への問い合わせが殺到したため、昨年、料理アカウントに移行。その後レシピの簡単さと美味しさが大反響を呼び１ヶ月で6万人フォロワーが増加。一躍、人気アカウントになる。工程数を極限まで減らした簡単おもてなしレシピが得意。保育士資格、幼稚園教諭、保健児童ソーシャルワーカー、リトミックの資格を持ち子どもが好むメニューも発信中。

Instagram　@misa_ihouse

食《た》べた人全員《ひとぜんいん》に「作《つく》り方《かた》教《おし》えて！」と聞《き》かれるとっておきrecipe《レシピ》

2023年3月31日　初版発行
2023年5月15日　４版発行

著　者　　misa《ミサ》
発行者　　山下直久
発　行　　株式会社KADOKAWA
〒102-8177
東京都千代田区富士見2-13-3
電話 0570-002-301(ナビダイヤル)
印刷所　　凸版印刷株式会社

●お問い合わせ
https://www.kadokawa.co.jp/
（「お問い合わせ」へお進みください）
※内容によっては、お答えできない場合があります。
※サポートは日本国内のみとさせていただきます。
※Japanese text only

定価はカバーに表示してあります。

ISBN978-4-04-606134-8　C0077